LES MONSIEUR MADAME et la rentrée des classes

MONSIEUR MADAME

Publié pour la première fois par Egmont sous le titre *Mr Men go to School* en 2018.

Maquette : Le chalet graphique.
Édité par Hachette Livre, 58 rue Jean Bleuzen 92178 Vanves Cedex.
Dépôt légal : juillet 2018.
Loi n°49-956 du 16 juillet 1949 sur les publications destinées à la jeunesse.
Achevé d'imprimer par Rotolito Romania en Roumanie.

LES MONSIEUR MADAME et la rentrée des classes

Roger Hargreaves

Écrit et illustré par Adam Hargreaves

hachette
JEUNESSE

Madame Petite était très excitée : c'était son premier jour d'école !

Elle était tellement excitée qu'elle s'était réveillée très tôt.

Et elle s'était mise en route si tôt que les grilles n'étaient pas encore ouvertes quand elle arriva.

La seule autre personne présente était madame En Retard.

Mais elle n'était pas en avance, elle.

Elle était en retard…
… en retard d'un trimestre entier !

ÉCOLE

Quand tout le monde fut arrivé, chacun commença par accrocher son sac.

Le sac de monsieur Méli-Mélo était si lourd qu'il tordit instantanément le portemanteau.

Et pourquoi était-il si lourd, à ton avis ?

Parce qu'il était rempli de pierres !

Monsieur Méli-Mélo avait amené des cailloux plutôt que des cahiers.

Quelle confusion chez monsieur Méli-Mélo !

Madame Petite avait hâte d'apprendre
de nouvelles choses à l'école.

Son institutrice était madame Bonheur.

Madame Petite voulut lui offrir une pomme
mais avant même que madame Bonheur ait put
s'en saisir, monsieur Glouton l'avait déjà dévorée !

Madame
Bonheur

En une seule bouchée !

CROC !

Madame Petite apprit ainsi sa première leçon de la journée : ne jamais laisser de nourriture à la portée de monsieur Glouton !

Pour la première véritable leçon, madame Bonheur leur fit travailler l'écriture.

Madame Petite copia très soigneusement les lettres écrites au tableau.

Contrairement à monsieur Sale !

Ce fut ensuite l'heure du conte,
lu par madame Bavarde, bien sûr !

Évidemment, elle était très douée pour transformer
une histoire courte en long récit.

Un très,
très,
très long récit !

1 2 3

Madame Petite fut plutôt contente
quand la récréation arriva.

Elle s'amusa beaucoup sur le toboggan et se fit
un ami dans le bac à sable.

C'était monsieur Petit.

Il était presque de la même taille que le goûter
de monsieur Glouton !

De retour en classe, ils passèrent un moment à faire de la peinture.

Madame Bonheur leur demanda de peindre ce qu'ils préféraient.

Madame Petite peignit une marguerite.

Madame Follette peignit beaucoup de points.

Monsieur À l'Envers peignit son chat.

Et monsieur Glouton peignit...

... une saucisse !

Madame Petite fut ravie de son déjeuner.

Elle s'assit à côté de monsieur Petit.

Ils avaient tous les deux une toute petite portion à manger.

Une demi-saucisse et cinq petits pois chacun.

Après le déjeuner, comme tous les après-midi, un élève présentait un objet de son choix.

C'était, ce jour-là, le tour de madame Canaille. Elle avait choisi une araignée en plastique.

Madame Autoritaire, la directrice, n'approuva pas ce choix.

Mais alors pas du tout !

Ensuite, ils passèrent à la leçon de mathématiques.

Madame Bonheur écrivit une addition au tableau.

« Combien font deux plus deux ? » demanda-t-elle.

Madame Petite allait répondre « quatre », mais quelqu'un fut plus rapide qu'elle.

« Deux plus deux font cinq cent soixante-treize virgule un et deux moitiés », s'écria monsieur Farfelu.

Oh ! là ! là ! Quand monsieur Farfelu se trompait, il était vraiment complètement à côté !

2+2=

En fin de journée, toute la classe sortit
pour une séance de sport.

C'était monsieur Étonnant qui animait le cours.

Personne ne comprit quel sport ils devaient
pratiquer… mais tout le monde s'amusa beaucoup !

Quand la cloche sonna la fin de l'école,
madame Petite se sentit un peu triste.

Le soir, dans son lit, elle se remémora
toutes les choses amusantes qu'elle avait faites
au cours de la journée.

Et le lendemain matin, elle se souvint d'un autre détail.

Elle se souvint qu'elle devait amener deux pommes à l'école.

Une pour madame Bonheur…

… et une autre pour monsieur Glouton !

CROC !

RÉUNIS VITE LA COLLECTION ENTIÈRE

DES **MONSIEUR MADAME**

DANS LA MÊME COLLECTION :

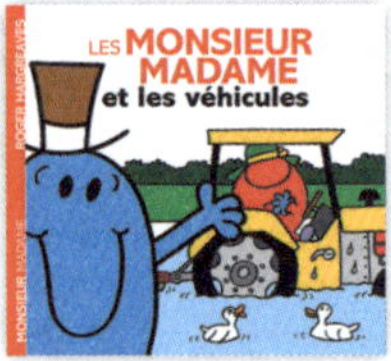

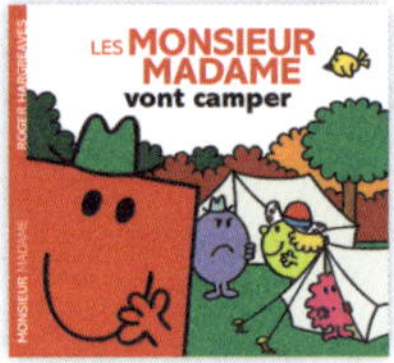

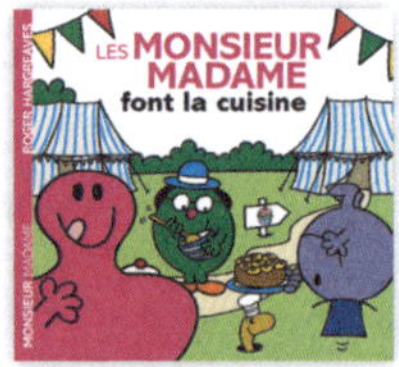